EDIT

EN FORME DE REGLEMENT GENERAL,

De l'an mil cinq cens quatre-vingt-deux.

HENRY PAR LA GRACE DE DIEU, Roy de France & de Poulogne, à tous ceux qui ces présentes Lettres verront; SALUT. Sur les differens cy devant intervenus entre nos amez & feaux, les Gens tenans notre Cour de Parlement de Bretagne, & les Gens de notre Chambre des Comptes audit pays, touchant leur Jurisdiction, pour iceux differens composer & assoupir & si bien regler lesdites Compagnies, qui sont les principales de notredite Province, l'une pour notre Justice, & l'autre pour nos Finances, qu'elles n'eussent plus d'occasion d'entrer en dispute, nous aurions dés le 14 de Mars 1581, ordonné qu'ils députeroient de chacune Compagnie pour venir par devers Nous, & estre ouys en notre Conseil, sur ce qui concernoit leursdits differens. Ce qu'ayant été fait, & nous ayant envoyé deux Presidens, & un Conseiller de notredite Cour, & un President & deux Maîtres de notredite Chambre ; & iceux ouys tant en notredit Conseil, que pardevant certains Commissaires à ce par nous commis à cette fin, auroient au mois d'Août 1581 été expediées deux Lettres patentes, l'une en forme d'Arrêt & Reglement, en datte du 5 dudit mois d'Août, & l'autre en forme d'Edit dudit mois d'Août, par lesquelles auroit été attribué à ladite Chambre, nouelle Jurisdiction, & plus grande connoissance qu'elle n'auroit, & ne jouissoit auparavant, avec erection de nouveaux Officiers en icelle ; dont les Gens des Etats de notredit Pays & Duché de Bretagne, étans advertis nous en auroient fait plainte, sur laquelle nous leur aurions octroyé commission du 23 Janvier dernier, pour faire assigner en notredit Conseil les Gens de notredite Cour de Parlement & Chambre des Comptes, pour eux ouys être par nous pourveu, ainsi que voirions bon être ; & depuis, par autres Lettres patentes du 23 Fevrier dernier, aurions permis à nos sujets dudit Pays de Bretagne, s'assembler en forme d'Etat en notre Ville de Vennes, pour aviser aux moyens de la levée du remboursement des deniers à nous fournis pour ladite érection & ampliation de Jurisdiction de notredite Chambre, lesquelles assemblez auroient avisé nous faire de rechef entendre leurs plaintes & remontrances ; & outre auroient fait signifier aux Gens de notredite Cour de Parlement & Chambre des Comptes, nosdites Lettres du 23 Janvier, suivant lesquelles notredite Cour de Parlement auroit commis & deputé nos amez & feaux Maîtres Guillaume de Lesrat & Jean Vetus, tiers & septieme Presidens, & René Bressay, Conseiller en icelle Cour ; &

notredite Chambre Maître Jean Morin, Premier Prefident, Marc de Barberé & Jean Coffon, Maîtres en icelle ; lefquels étant venus par devers nous, les aurions fait ouir en notredit Confeil, fur ce qu'ils avoient à nous dire & remontrer, où les Deputez de notredite Cour de Parlement & des Etats de notredit pays, auroient par plufieurs raifons par eux déduites & alleguées, tendu afin de faire revoquer lefdites deux Lettres patentes dudit mois d'Août 1581, contenant ladite nouvelle attribution de Jurifdiction & Erection comme grandement dommageable & prejudiciable au bien de nos affaires, & repos de nos fujets ; & laquelle aneantiroit entierement l'autorité & Jurifdiction de notredite Cour de Parlement. Et au contraire, les Deputez de notredite Chambre auroient foutenu qu'ils nous étoit grandement profitable & avantageux, tant pour la confervation de nos droits, que pour le bien de nos fujets, que ladite Jurifdiction portée par nofdites Lettres du 5 d'Août en forme de reglement, leur fût par nous maintenue & confervée ; & pour le regard dudit Edict d'Erection, auroient déclaré n'y avoir aucun intereft, & qu'ils ne l'avoient jamais pourfuivi ni obtenu. SUR QUOI NOUS aurions le 9 Juillet dernier ordonné qu'ils redigeroient leurs remonftrances par écrit, & les mettroient avec leurs pieces par devers aucuns de nos amez & feaux Confeillers en noftredit Confeil d'Eftat par nous à ce Commis ; ce qu'ayant été fait, & aprés avoir confidéré le contenu és remonftrances defdits Deputez, & pieces par eux refpectivement produites, aurions par les refponfes par nous faites fur les articles du cayer defdits Etats, le vingt & unieme dudit mois de Juillet dernier, fuivant leur Requête, ſupprimé ladite Erection & Juriſdiction nouvellement attribuée à ladite Chambre par leſdites deux Lettres Patentes dudit mois d'Août 1581, dont la copie eſt ci-attachée ſous le contreſcel de notre Chancelerie, & ordonné que de nouveau ſeroit procedé à faire reglement entre noſdites Cour de Parlement & Chambre des Comptes, commettant certains perſonnages de notredit Conſeil d'Etat, pour voir les reglemens précédens, & en faire rapport en notredit Conſeil, pour en être dreſſé un comme nous trouverions être raiſonnable; & deffenſes cependant aux Deputez de noſdites Cour & Chambre, de partir de notredite ſuite, que ledit Réglemenr ne fût arrêté, d'autant qu'il importe à notre ſervice, & au bien de la Province, que leſdites Cour & Chambre ſoient reglées comme elles doivent; ſuivant laquelle notre Ordonnance auſſi ci-attachée, les Députez de notredite Chambre auroient mis par devers leſdits Commiſſaires certains articles de la Juriſdiction, & cognoiſſance qu'ils prétendroient appartenir à notredite Chambre, & que lui devions attribuer; ſur quoi les Deputez de notredite Cour auroient fourni leurs reſponſes, moyens & articles, & ceux de notredite Chambre leurs repliques; & ſur ce conferé par diverſes fois avec leſdits Commiſſaires; & mis par devers eux leurs lettres & pieces, pour juſtifier ce qu'ils pretendoient, maintenoient & alleguoient d'une part & d'autre: leſquels Commiſſaires ayant depuis le tout bien & meurement vu, & après en avoir communiqué enſemble, auroient fait leur rapport en notredit Conſeil d'Etat, où de rechef leſdits Deputez, tant de notredite Cour que de Chambre, auroient été ouis, & les pieces par eux produites, vues & examinées. Sur quoi ayant eu l'advis des Gens de notredit Conſeil ; SÇAVOIR, FAISONS, que deſirant mettre fin aux différends qui ſe ſeroient ci-devant meuz, & pourroient mouvoir par ci-après entre les Gens de noſdites Cour de Parlement & Chambre des Comptes, pour raiſon des choſes ſuſdites, & ſi bien regler leurs Juriſdictions, que ci-après ils n'entreprennent l'un ſur l'autre, ains vivent en bonne union & intelligence, comme il eſt très-néceſſaire pour le bien de notre ſervice, & repos de nos ſubjets ; avons par l'advis de notredit Conſeil, de certaine ſcience, pleine puiſſance, & autorité Royale, dit, ſtatué & ordonné, diſons, ſtatuons & ordonnons le Reglement qui enſuit :

ET PREMIEREMENT,

Qu'il ſera compté en notredite Chambre des Comptes de tous deniers tant ordinaires qu'extraordinaires, levez en notredit pays par notre auctorité, permiſſion & commiſſion, pour quelque occaſion que ce ſoit, fors & excepté des deniers levés pour les particulieres affaires des Etats, dont les comptes ſeront rendus en la maniere accoutumée.

II.

Quant aux deniers d'octroi, les comptes dont la recepte n'excedera la ſomme de cinq cens livres, ſeront rendus par devant les Deputez des Villes & Juges ordinaires, autres que ceux qui en auront ordonné, ſans aucun ſalaire, pour le regard deſdits oyans compte ; & à la charge que leſdits comptes étant examinés & clos ſeront rapportés en notredite Chambre des Comptes, dans six mois aprés l'audition d'iceux, & pour le regard des comptes dont la recepte excedera ladite somme de cinq cens livres, seront rendus en notredite Chambre.

I I I.

Et quant aux deniers des fabriques & autres qui pourroient estre levez pour la réparation, ameublement & autres affaires des Paroisses, n'en sera aucunement compté en nostredite Chambre.

I V.

Que les Œconomes & Commissaires qui seront par nous establis, pour les droits & fruits de Regale, durant l'ouverture d'icelle aux Eveschez & autres Benefices dudit pays, sujets audit droit de Regale, seront tenus avant qu'entrer en la jouissance & perception desdits fruits, d'apporter leurs lettres d'œconomat en nostredite Chambre, pour en compter en icelle. Deffendant à nostredite Cour de Parlement, & à tous autres Juges, de recevoir aucunes lettres patentes d'œconomat, ny ordonner aucune chose par vertu d'icelles, que premierement elles n'ayent été presentées à notredite Chambre, & signifiées aux Receveurs de notre Domaine des lieux.

V.

Et où il interviendroit procez & differens pour la perception & jouissance des fruits de ladite Regale, la pourſuite s'en fera pardevant les Juges ordinaires, & par appel en notredite Cour.

V I.

Le jugement des procez qui interviendront incidemment pour raiſon des pactions & contre-lettres faites par comptables ou leurs commis, avec ceux qui auront été aſſignez ſur eux, appartiendra auſdits Gens des Comptes; avec faculté à ceux qui ſe plaindront deſdits jugemens, de ſe pourvoir par la voye de reviſion.

V I I.

Et ne pourront leſdits Gens des Comptes prendre cognoiſſance des différens qui interviendront entre les comptables, leurs Clercs & Commis, leſquels ſe pourvoiront par devant les Juges ordinaires.

V I I I.

Et quant aux cauſes & inſtances ja meues, & qui ſe pourroient mouvoir pour la perception de nos droits, ſoyent rentes cenſives ou autrement, leſdits Gens des Comptes, en jugeant les comptes, chargeront les comptables de faire la pourſuite & diligence par devant les Juges des lieux auſquels la cognoiſſance en appartient; & par appel en notredite Cour.

I X.

Et pour le regard des cauſes qui ſe pourroient auſſi

mouvoir pour les surtaxes des feux & fouages, & pour les imposts & billots, & autres choses qui en dépendent, la cognoissance en appartiendra aux Juges ordinaires, & par appel à notredite Cour.

X.

Les contraintes, executoires & autres exploits necessaires pour le recouvrement des deniers de nos finances, à lencontre des Receveurs comptables, Fermiers, leurs pleiges, cautions & heritiers, biens tenans & ayans cause, se feront de l'ordonnance & commission de notredite Chambre.

X I.

Et où sur lesdites saisies interviendroit opposition pour la conservation du droit des particuliers, en ce cas la cognoissance en appartiendra aux Juges ordinaires : Et ne feront lesdites Gens des Comptes aucuns baux à ferme desdits biens saisis sur lesdits comptables & autres cy dessus : N'entreprendront aussi la cognoissance des criées, & ne cognoistront des oppositions qui interviendront sur icelles ; mais demeurera ladite cognoissance ausdits Juges ordinaires, & par appel à notredite Cour.

X I I.

Que les Juges ordinaires & notredite Cour de Parlement ne pourront eslargir les prisonniers comptables, redevables, condamnez à compter, leurs pleiges, cautions

&

& autres à ce ſubjets, ny leur bailler main-levée de leurs biens ſaiſis, ny ſurſeance de payement; ſur peine auſdits Juges ordinaires de reſpondre en leurs privez noms de la perte que nous y aurions.

X I I I.

Les plaintes & doleances ja faites & indeciſes & qui ſe feront à l'advenir par les comptables appellez & condamnez à compter, pour raiſon des Arreſts, Ordonnance, Appointemens, & Jugemens, qui ſeront donnez par noſdits Gens des Comptes, ſoit en ligne de compte, cloſture, d'icelui, de ce qui en dépend, ou des decretz & executoires decernez par notredite Chambre, procedant des parties rayées aux comptes, ſeront vuidées par reviſion en notredite Chambre du Conſeil, les celles deſdits Comptes par cinq qui ſeront deputez par notredite Cour de Parlement, & pareil nombre de notre Chambre deſdits Comptes : & ſeront les Arreſts ſur ce donnez en notredite Chambre du Conſeil, enregiſtrez par le Greffier, tant de notredite Cour de Parlement que Chambre des Comptes.

X I V.

Seront neantmoins les Jugemens donnez par notredite Chambre, pour les choſes ſuſdites, executez par proviſion, tant audit pays de Bretagne, que par tout ailleurs en ce Royaume, ſans demander placet, viſa ny pareatis : avec deffenſes à notredite Cour, & tous autres Juges, d'empescher en quelque chose que ce soit l'execution desdits Arrests, Jugemens, & Ordonnances, ny pareillement des Ordonnances & Decrets des Thresoriers Generaux de France, pour le fait de nos finances, sur peine de nullité.

X V.

Que toutes lettres de chartres seront verifiées en notredite Cour de Parlement, & Chambre des Comptes, fors celles qui concernent dons de deniers, pensions, rabais, & autres qui seront purement & simplement de Finances, dont l'adresse se fera, & la cognoissance en appartiendra seulement à notredite Chambre; comme aussi la taxe de la finance des lettres d'ann blissement, naturalité & legitimation.

X V I.

Tous les advœux & dénombremens de nos vassaux seront presentez en notredite Chambre, laquelle les renvoyera aux Juges ordinaires des lieux, pour estre debatus, blamez & impunis dans six mois, au plus tard sur les peines de l'Ordonnance, à la poursuite & diligence de nos Procureurs esdites Jurisdictions: & lesquels advœux étant receuz & approuvez par lesdits Officiers, serom rendus par nos vassaux en notre Chambre: laquelle neantmoins les pourra verifier sur les anciens advœux, s'il y échet, sans toutefois trait de procez: dont s'il advenoit plainte & doleance, seront tenus de les renvoyer en notredite Cour de Parlement.

X V I I.

Et pour le regard de la reformation pretenduë par lesdits Gens des Comptes de notre domaine dudit Pays, ils y procederont comme ils ont accouſtumé, ſans toutefois prendre cognoiſſance des procez & differens qui interviendront pour la proprieté & uſurpation dudit domaine: mais ſeulement ce qui revient à nous des fruits, rentes & devoirs, pour en faire tenir compte en icelle, laquelle Juriſdiction concernant la proprieté dudit domaine, appartiendra aux Juges ordinaires en premiere inſtance, & par appel à notredite Cour de Parlement.

XVIII.

Ordonnant neantmoins à notredite Chambre de tenir la main à la confection des papiers terriers, & recognoiſſance des devoirs à nous deuz.

XIX.

Aura notredite Chambre la totalle & entiere cognoiſſance en ce qui concernera la correction & diſcipline ſur tous les Officiers d'icelle pour le fait de l'exercice de leurs offices, & de l'obeiſſance qu'ils doivent à notredite Chambre, privativement à tous autres Juges, ſans qu'il ſoit loiſible auſdits Officiers d'en appeller en notredite Cour de Parlement; à laquelle, & à tous autres Juges, avons interdit & interdiſons d'en cognoitre aucunement, & auſdits Officiers d'en faire pourſuite en icelle ny ailleurs, ſur peine de ſuſpenſion de leurs Eſtats. Et neantmoins où il y auroit plainte & doleance deſdits jugemens, ſeront icelles plaintes jugées & vuidées par reviſion en notredite Chambre du Conſeil, &toutefois eſdits cas y aura plus grand nombre de Conseillers de notredite Cour de deux, que ne seront lesdits Gens des Comptes, suivant le Reglement sur ce fait entre notredite Cour de Parlement & Chambre des Comptes de Paris, au mois de Decembre 1520.

X X.

Pour le regard des falsitez, substractions d'acquits, abus & autres malversations qui pourroient estre commises par les comptables, & autres qui sont justiciables à notredite Chambre, en useront en la mesme forme & maniere qui s'observe entre notredite Cour de Parlement & Chambre des Comptes de Paris, par les Reglemens derniers faits.

X X I.

Nos Advocat & Procureur en notredite Chambre seront nommez & intitulez Advocats & Procureurs Generaux en notredite Chambre : & les jugemens donnez par icelle sur ligne de compte & autres cas dessusdits, seront dits & appellez Arrests.

X X I I.

Et pour le regard de la preseance, rang & ordre que ceux de notredite Chambre doivent tenir és processions & assemblées generales & particulieres, sera suivy & gardé le Reglement qui s'observe en notredite Cour de Parlement & Chambre des Comptes de Paris.

X X I I I.

Et où doresnavant interviendroit quelques differens entre lesdits Officiers de notredite Cour de Parlement &

Chambre des Comptes, s'assembleront les Presidents, nos Advocats & Procureurs Generaux desdites Cour & Chambre, pour traiter à la composition d'iceluy, & où ils ne pourroient s'en accorder, se pourvoiront par devers nous, sans par cy après entreprendre aucune chose les uns sur les autres.

XXIV.

Deffendant au Garde des Scels de notre Chancellerie de Bretagne, d'expedier aucun relief d'appel des Jugemens desdits Comptes, sur peine de radiation de ses gages.

XXV.

Pareillement faisons inhibitions & deffenses à tous Huissiers & Sergens, de faire ny signifier aucun exploit aux Officiers de notredite Chambre, au dedans du pourpris d'icelle, ny eux estans assemblez en Corps: ains de s'adresser à nos Advocat & Procureur Generaux, pour les choses concernans le Corps de notredite Chambre, & aux particuliers en leurs maisons, sur peine de prison.

XXVI.

Avons aussi ordonné & ordonnons que les Huissiers de notredite Chambre executeront tous exploits de Justice, par tous les lieux & endroits de notredit pays de Bretagne, avec pareil pouvoir d'executer comme les Huissiers de notredite Chambre des Comptes de Paris.

XXVII.

Deffendons ausdits Gens des Comptes de prendre cognoisſance d'autre choſe que de ce qui eſt contenu cy deſſus, ny s'attribuer qualité de Cour des Aydes, & Chambre de notre Domaine.

Si DONNONS en mandement à nos amez & feauz, les Gens de notredite Chambre de Parlement & de nos Comptes, que ces preſentes ils facent enregiſtrer en notredite Cour & Chambre, & le contenu garder & entretenir, ſans ſouffrir qu'il y ſoit contrevenu en aucune maniere, & à nos Procureurs Generaux eſdites Cour & Chambre des Comptes y tenir la main, pour le bien de notre ſervice & ſoulagement de nos Sujets: Car tel eſt notre plaiſir; en teſmoin de ce nous avons fait mettre notre Scel à ceſdites preſentes. Donné à Saint Maur des Foſſez, le 18 jour d'Aouſt, l'an de grace 1582, & de notre Regne le neuvieſme. Ainſi ſigné, par le Roy, en ſon Conſeil, POTIER: Et ſcellé de cire jaune ſur ſimple queuë.

Regiſtrées ſur ce oüy & le requerant le Procureur General du Roy en Parlement à Rennes, l'onzieſme jour de Mars 1583, & ce, ſans prejudice de l'oppoſition des Gens des trois Eſtats, pour le regard de laquelle ils ſe pourvoiront, où & ainſi qu'ils verront l'avoir à faire. Signé par extrait des Regiſtres de Parlement,

MONNERAYE.

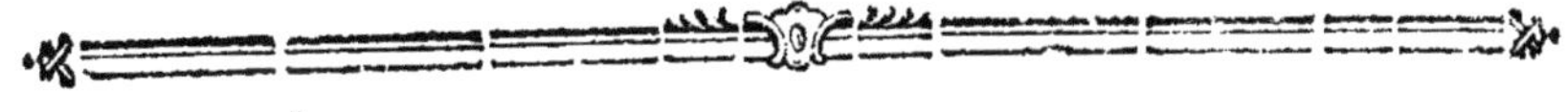

ARREST

DONNÉ AU CONSEIL D'ETAT DU ROY, entre la Cour de Parlement & la Chambre des Comptes de Bretagne, le 28 de Septembre 1625.

Extrait des Regiſtres du Conſeil d'Etat.

ENTRE les Gens tenans la Chambre des Comptes de Bretagne, demandeurs ſuivant le contenu en leurs remontrances preſentées au Roi en ſon Conſeil, le dix-neuvieſme Septembre 1619, & deffendeurs d'une part ; & les Gens tenans la Cour de Parlement de Bretagne, deffendeurs, & demandeurs ſuivant le contenu en leurs remontrances d'autre part. VEU par le Roi en ſon Conſeil leſdites remonſtrances, tant de ladite Chambre des Comptes, que de ladite Cour, tendantes reſpectivement à reglement de leurs charges, ſur les plaintes des entrepriſes prétendues de part & d'autre : Lettres & Edits concernans les etabliſſemens & ſeances ordinaires de ladite Cour & de ladite Chambre ; Lettres du 29 Août 1550, à ce que certaines appellations des Jugemens de ladite Chambre ne puiſſent être jugées que par reviſion ; vérification deſdites Lettres en ladite Cour, avec modification du premier Octobre 1552 ; Lettres du 11 Janvier 1563, portant reglement entre ladite Cour & ladite Chambre ; Lettre de Juſſion à ladite Cour du premier Juillet

1566 & 16 Fevrier 1570, pour proceder à la verification desdites premieres Lettres; Arrêt du Conseil du 20 Septembre 1572, portant reglement de Jurisdiction entre ladite Cour & ladite Chambre; Lettres du dernier jour de Mai 1575, portant dérogation à quelque article dudit reglement de l'an 1572; Lettres en forme de reglement du 5 Août 1581; Response de Sa Majesté du 21 Juillet 1582, aux cahiers des Etats tenus en la ville de Vennes, par laquelle ledit reglement du mois d'Août 1581, est revoqué & ordonné qu'il sera fait nouveau reglement entre lesdites Cour & Chambre; Reglement du 18 Août audit an 1582; conference entre les Procureurs Generaux desdites Cour & Chambre du 7 Juillet 1590, par lequel ils sont demeurez d'accord qu'il ne sera rien entrepris par lesdites Compagnies l'une sur l'autre, au prejudice dudit reglement de l'an 1582; enregistrement dudit accord fait ausdites Cour & Chambre le 10 Juillet audit an 1590; Arrêts tant de ladite Cour que de ladite Chambre pretendus avoir été donnez par entreprises mesme au prejudice dudit reglement de 1582; escritures, productions, requêtes & contredits desdites parties. Aprés que les Sieurs de la Dobiais, President, Descartes & Guichard, Conseillers & Deputez de ladite Cour, & les Sieurs Barrin & du Pont, premier & quatrieme Presidens, Coustureau & Martineau, Maîtres & Deputez de ladite Chambre, ont été ouys à plusieurs & diverses fois par devant les Sieurs de Roissy, de Chasteauneuf, de Marillac, le Bret, Conseillers de Sa Majesté audit Conseil, & de Lezeau, aussi Conseiller audit Conseil, & Maître des Requêtes ordinaires de son Hôtel, Commissaires à ce Deputez audit Conseil : Ouy le rapport desdits

desdits Commissaires, & tout consideré ; LE ROI EN SON CONSEIL faisant droit sur lesdites remontrances, procez & differens desdites parties, a ordonné & ordonne ;

ARTICLE PREMIER.

Que ledit Reglement du 18 Août 1582 sera observé & entretenu respectivement par lesdites Cour & Chambre selon sa forme & teneur ; & ce faisant.

II.

Pourra ladite Chambre proceder à la réformation du Domaine ; & à cette fin tenir la main à ce que les Juges des lieux vaquent à la confection des papiers terriers ainsi qu'il appartient ; & si besoin est deputer & envoyer de dix ans en dix ans un des Presidens ou Maître de ladite Chambre en chacune Jurisdiction, pour pourvoir aux abus dont ils auront receu plainte, & auront cognoissance par les comptes des Receveurs ou autrement : Et appellez le Juge ordinaire & le Procureur de Sa Majesté sur les lieux, faire assigner & comparoir pardevant eux les particuliers redevables des cens, rentes, droits & devoirs dudit domaine, pour en passer recognoissance & declaration. Faire & renouveller les rolles rentiers, & papiers terriers, qui contiendront les heritages & hypotheques subjetes ausdites rentes par tenans & aboutissans ; ensemble les termes & mesures ausquels elles sont deuës. Condamner à payer & continuer sur l'inspection des anciens titres, & information sommairement faite si besoin est. Condamner au payement des arrerages desdits cens & rentes, & des autres droits &

devoirs certains & casuels. Informer des usurpations faites sur le domaine, pour les reunir à iceluy, & les rebailler à nouveaux cens & rentes; pour lesdits rolles ainsi faits & formez, estre rapportez en ladite Chambre copies d'iceux, estre delaissées au Greffe de chacune Jurisdiction, & mises és mains du Receveur du Domaine, pour en faire le recouvrement & recepte en son compte. Et ce qui sera ainsi jugé & ordonné par lesdits Commissaires, sera exécuté par provision, avec deffenses à ladite Cour, & tous autres Juges d'en empescher l'execution. ET EN CAS Q'UIL Y AIT plainte pour raison desdits droits, portant contestation & trait de procès, les parties se pourvoiront à ladite Cour, pour leur estre fait droit ainsi que de raison.

III.

Les comptes des amendes ordinaires & extraordinaires, celles de fol appel des quatre Sieges Presidiaux dudit pays, & de ladite Cour des requestes civiles, & autres adjugées à Sa Majesté, seront rendus en ladite Chambre.

IV.

Les comptes des amendes destinées aux œuvres pies & menues nécessitez de ladite Cour, seront rendus en icelle Cour par le Commis à la Recepte, ausquels ne pourront estre employés aucunes pensions; pour ce fait estre lesdits comptes avec les acquits portez par ledit Commis, de trois en trois an à ladite Chambre, & receus en icelle sans épices ny frais de voyages, pour y estre gardez, & y avoir recours quand besoin sera; pourra neanmoins ladite Chambre, au cas qu'il se trouve quelques abus ausdits comptes en donner advis à Sa Majesté.

V.

Pourra ladite Chambre faire proceder par saisie, scellé & inventaire sur les biens meubles, acquits & titres des Comptables decedez sans avoir compté, ou redevables à Sa Majesté; sans empescher que les Juges ordinaires puissent aussi proceder par saisie, scellé & inventaire avec ladite Chambre: & au cas que dans quarante jours aprés ledit decez ne se presentent heritiers, sera passé outre à la prisée & vente desdits meubles pas les Officiers de ladite Chambre, privativement à tous autres Juges: & en cas que dans ledit temps il se présente heritiers, seront tenus les Officiers de ladite Chambre de laisser ladite prisée & vente aux Juges ordinaires des lieux.

VI.

Les gages des Officiers de ladite Cour seront payez sous leurs quittances & le servivi, qui seront passez dans le compte du Receveur, sans qu'ils soient tenus de rapporter les causes de leur absence, suyvant ce qui a esté ordonné par l'Arrest du Conseil du 5 Aoust 1581.

VII.

Ne pourra, ladite Chambre, après que les adveus & dénombremens auront esté receus & approuvez par les

Juges ordinaires, informer de nouveau, & prendre Jurisdiction & cognoissance autrement qu'il est porté par ledit Reglement de 82.

VIII.

Enjoint, Sa Majesté, aux Baillifs, Senechaux & autres Juges & à ses Procureurs des Jurisdictions ordinaires, Greffiers, Huissiers, Sergens & autres Ministres de Justice, d'executer ou tenir la main à l'exécution des Arrests donnez en ladite Chambre, ainsi qu'il leur sera ordonné par icelle, à peine de radiation de leurs gages, & autres s'il y eschet.

IX.

Ne prendra ladite Cour cognoissance des lettres addressées à ladite Chambre seulement.

X.

Et fait Sa Majesté deffenses aux Gardes des Scels, Audianciers, & autres Officiers de la Chancellerie lez ladite Cour, d'expedier aucuns reliefs d'adresse à ladite Cour, sur les Lettres Patentes de Sa Majesté, à peine de radiation de leurs gages, & autres s'il y eschet.

XI.

Et pour raison des lettres addressées ausdites deux Compagnies, ladite Cour enregistrant icelles, ne prendra cognoissance de ce qui est purement de finance; ains le laissera à ladite Chambre.

XII.

Fait Sa Majesté deffenses à ladite Cour, d'ordonner que les comptes & estats au vray des deniers communs & Octroys des Villes & Communautez, soyent apportez & representez à ladite Cour, ny contraindre les Thresoriers & Receveurs generaux des Finances, ou autres Receveurs & Miseurs de communiquer au Procureur General de ladite Cour les comptes des deniers de leurs receptes; ny en consequence des lettres d'Octroy, commettre ou envoyer des Commissaires sur les lieux, pour iceux visiter & faire les baux des deniers provenant dudit Octroy.

XIII.

Pourra neantmoins le Procureur General de ladite Cour recevoir les plaintes des Sujets de Sa Majesté des malversations commises par les Receveurs desdits deniers d'Octroy; & pour raison de ce, faire representer les doubles desdits Comptes si besoin est.

XIV.

Fait pareillement Sa Majesté deffenses à ladite Cour d'eslargir les prisonniers, donner delay ou main levée contre ce qui aura esté ordonné par la Chambre, ny à ce faire contraindre les Juges, Huissiers, Geoliers, ou autres, par decrets, ou autres peines. Recevoir le Procureur General en ladite Cour, ou autres parties à se pourvoir contre les Arrests donnez en ladite Chambre par requeste, plainte, opposition, ou autrement; casser & annuller lesdits Arrests sous quelque pretexte ou occasion que ce soit.

XV.

Et aufdites Cour & Chambre, d'entreprendre aucune Jurifdiction les uns fur les autres, ny proceder par caffation d'arrefts, deffenfes & autres condamnations, fous quelque pretexte & occafion que ce foit. Ains en cas de contention, fuyvant ledit Reglement, les Prefidens, Advocats & Procureurs Generaux defdites Compagnies, s'affembleront pour advifer à la compofition d'iceux, & où ils ne pourroient s'en accorder, fe pourvoiront par devers Sa Majefté, à peine de nullité defdits Arrefts.

XVI.

Pourra ladite Cour ordonner que les lettres d'affiette feront expediées en la Chancellerie lez ladite Cour pour chacune Paroiffe, jufques à la fomme de fix cens livres & au deffous feulement par an, fuyvant la refponfe de Sa Majefté faite aux Cahiers des Eftats dudit pays, le dernier Decembre mil fix cens deux.

XVII.

Pour le regard des reparations à faire aux parcs de Querlefcoet & Succinio, fera fait vifitation par devant un des Threforiers de France de la Province, & bail au rabais pour la refection d'icelles, & envoyé au Greffe du Confeil, pour iceluy veu, eftre octroyé lettres d'affiette des deniers neceffaires à ladite defpenfe, ainfi que de raifon.

XVIII.

Et en tant que touche les plaintes refpectivement faites par lefdites Compagnies, pour raifon des Arrefts donnez en icelles au prejudice des affaires & finances de Sa Majesté, & des particuliers, il y sera fait droit audit Conseil, sur les Requestes des Procureurs Generaux, & des Parties interessées.

Fait au Conseil d'Estat du Roy, tenu à Fontainebleau, le dix-huitieme jour de Septembre mil six cens vingt-cinq.

Signé BERTRAND.

Registrées au Greffe de ladite Cour de Parlement, pour y avoir recours quand besoin sera, & enjoint ladite Cour aux Seneschaux & autres Juges & Substituts du Procureur-Général du Roy és Jurisdictions Royales de ce ressort, de vaquer bien & diligemment suivant ledit Arrêt, à la confection des papiers rentiers du Domaine du Roy, & à cette fin se pourvoir en la Chambre des Comptes de ce pays, pour y avoir les extraits & autres choses qui seront à ce nécessaires. Fait en Parlement, à Rennes, le 31 Septembre 1625.

Ainsi signé MONNERAYE.

ARTICLES accordés sous le bon plaisir du Roy, entre les Deputez de Messieurs des Etats de ce pays & Duché de Bretagne, & les Deputez de Messieurs de la Chambre des Comptes dudit pays soubsignez sur les différends meuz, & qui se pourroient mouvoir entr'eux pour les comptes des deniers accordez ausdits sieurs des Etats par Sa Majesté, pour acquit de leurs debtes, affaires & necessitez, & sur la forme de la reddition des foy, hommages & adveuz deuz à Sadite Majesté par ses vassaux en ladite Province, suivant leurs pouvoirs des 4 Octobre 1612, & 21 jour du présent mois de Février 1613.

PREMIEREMENT.

LE compte du prest des deux cens mille escus accordez à Sa Majesté lors de sa venue en cette Province, & de l'escu pour pipe de vin destiné au remboursement d'icelui, & autres affaires desdits Etats, arrêté au Conseil de Sa Majesté, suivant son Arrest du trezieme jour de Septembre dernier, demeurera pour tout rendu & examiné, & n'en sera par lesdits sieurs des Comptes pris aucune cognoissance en recepte ni despense, ni des jugemens donnez sur icelui, si ce n'est de l'advis & consentement de toute l'Assemblée générale desdits Etats, duquel compte l'apurement se rendra en la Chambre, en la forme qui sera ci-après declarée pour les comptes des deniers destinez à l'acquit des debtes desdits sieurs des Etats, & sera la copie dudit compte arrêtée audit Conseil, mise & portée en un coffre particulier en en la Chambre des Revisions fermé de deux serrures & deux clefs, lesquelles seront mises és mains des deux plus anciens Maistres de ladite Chambre de chacune séance, resseans de la Province, qui n'en pourront faire ouverture que de l'Ordonnance de ladite Chambre.

I I.

Le compte des huit mille huit cens livres qui se prennent chacun an pour les affaires particulieres desdits Etats, se rendra en la forme accoutumé par devant leurs Deputez & non autrement, sans qu'autres qu'eux en puissent cognoître.

I I I.

Et d'autant que les frais & despenses desdits sieurs des Etats ayant augmenté, Sa Majesté leur auroit accordé en cette consideration, & des grandes debtes dont ils se sont trouvés chargés, le quart des deniers qui se levent pour le raquit du domaine, par contrat du mois de Mars mil six cent six; il sera pris sur ledit quart jusqu'à la somme de vingt-cinq mille livres, outre & par dessus ladite somme de huit mille huit cens livres, & pour être le tout employé au paiement des gages d'Officiers desdits sieurs des Etats accoutumés, voyages de leurs Deputez en Cour & ailleurs pour les affaires du pays, frais ordinaires de procès & autres menues nécessités dont leur Thrésorier ne rendra compte que par devant les Deputez desdits sieurs des Etats, tout ainsi que lesdits huit mille huit cent livres, sans que ladite Chambre en cognoisse, ni que ladite somme puisse être employée & divertie à autre usage.

I V.

Le furplus de ce que pourra monter le quart defdits deniers accordé aufdits fieurs des Etats, comme dit eft par Sa Majefté, fera employé chacun an par leur Tréforier à l'acquit des debtes légitimes defdits fieurs des Etats, & par eux approuvés, paiement de dons, recompenfes, rembourfemens, advances, & autres affignations qui feront trouvées raifonnables & confenties en l'Affemblée generale defdits fieurs des Etats, fuivant l'état qui en fera fait en chacune affemblée, & delivré audit Treforier, lequel comptera defdits deniers ainfi affectez de deux ans en deux ans, par devant lefdits Sieurs de la Chambre des Comptes de ce pays, & trois Deputez defdits Sieurs des Etats, au nombre d'un de chaque Ordre, qui auront feeance en l'un des coftez du Bureau, au deffous de deux des Maîtres de ladite Chambre, voix & opinions deliberatives en tout ce qui dépendra du fait defdits comptes, jugemens & executions d'iceux, & affifteront à la prefentation & diftribution de chaque compte & examen accoûtumé être fait en la Chambre des revifions, & en figneront la deduction tous enfemble, & feront lefdits comptes & apurements incontinent après la clofture d'iceux, mis avec les acquits au coffre deftiné pour la garde d'iceux, en préfence defdits Deputez & du Procureur defdits Sieurs des Etats, pour y être confervez en la forme cy devant, & y avoir recours lors que befoin fera.

V I.

Toutes parties fe jugeront fur les Ordonnances defdits

Sieurs des Etats, & n'en pourra être employé aucune qu'elle n'aye été par eux ordonnée & consentie; & en cas de radiation d'icelle, & qu'aucuns retablissemens en seroient presentez en ladite Chambre, les lettres seront renvoyées en la prochaine Assemblée des Etats pour y être veues, & dire sur icelles ce que lesdits Etats voirront bon être avant y être jugées.

V I I.

Sera tenu ledit Tresorier des Etats lors de la presentation de sondit compte & apurement, de presenter deux bordereaux de la recette & depense contenue en iceux, l'un ausdits Sieurs de la Chambre, l'autre ausdits Sieurs Deputez, pour y avoir tel égard qu'il ne s'y puisse rien ajouter ny diminuer depuis ladite presentation, à peine de l'amende.

V I I I.

Seront lesdits deniers excedans lesdits vingt-cinq mille liv. d'une part, & huit mille huit cens liv. d'autre, employez prealablement & avant toutes choses; tant au remboursement dudit prêt des deux cens mille écus, qu'au payement des autres dettes legitimes desdits Sieurs des Etats, & ne pourront être aucunement divertis pour quelque occasion que ce soit, ny la depense du comptable exceder sa recette par la conclusion des comptes & apuremens qu'il rendra, parce qu'aussi ledit Tresorier ne pourra être contraint au payement des sommes sur lui ordonnées, qu'à raison de sadite recette, & suivant les Ordonnances des Sieurs Generaux des Finances, vers lesquels les particuliers assignez se pourvoiront pour obtenir lesdites contraintes.

I X.

Les jugemens qui feront donnez fur chaque compte & appoftils d'iceluy, feront leus au Bureau, & ledit compte arrêté & figné en prefence des Deputez defdits Sieurs des Etats, lefquels en même temps figneront tous enfemble la déduction dudit compte, fans que autrement elle puiffe valoir au comptable, & fera incontinent après delivré copie garantie dudit compte ainfi figné & arrêté au Procureur Scindic defdits Sieurs des Etats, pour être par lui mife aux archives defdits Etats.

X.

Lefdits comptes & apuremens ne pourront être reveuz ou corrigez, ny les corrections jugées autrement qu'en la forme cy deffus, dont les reftes tourneront au profit defdits Sieurs des Etats, & s'en chargera leur Treforier fur les apuremens qu'il rendra à fes frais.

X I.

La reddition defdits comptes & apuremens fe fera à la promotion du Procureur General en ladite Chambre, en laquelle neantmoins ledit Procureur Scindic defdits Etats fera telles pourfuites que bon luy femblera pour cet effet, affiftera à l'examen defdits comptes & apuremens, pour requerir ce qu'il verra bon être pour le profit defdits Etats, & lui feront delivrez fans autre frais que de l'efcriture tous extraits des comptes & acquits qu'il requerra pour le fervice defdits Sieurs des Etats.

X I I.

L'ordre & la forme de compter cy deſſus, s'obſervera tant pour les comptes du quart des deniers deſtinez au raquit du Domaine depuis le commencement de l'année 1606, qu'autres qui ſe rendront ci aprés de pareille nature de deniers. Et ſeront rendus & remis entre les mains de la veufve de feu Maître Gabriel Hus, en ſon vivant Treſorier deſdits Etats, tous les comptes, états, acquits, mémoires, inſtructions & papiers qui lui auroient été ſaiſis en vertu de l'Arrêt de ladite Chambre du ſixieme jour de Juin 1611; ſur leſquels acquits elle comptera par devant les Deputez deſdits ſieurs des Etats juſques à ladite ſomme de vingt-cinq mil liv., & du ſurplus en ladite Chambre, en la forme cy deſſus, ſuivant laquelle ſe rendra ſemblablement l'appurement du preſt deſdits deux cens mil eſcus, & eſcu pour pippe de vin, & generalement ſera compté à l'advenir en ladite forme en ladite Chambre de toutes levées & impoſitions qui ſeront accordées auſdits Sieurs des Etats, pour leurs debtes & affaires ſans exception, fors de ladite ſomme de vingt cinq mil liv. & deſdits huit mil huit cens liv. nonobſtant tous conſentemens ou lettres obtenues, ou qui ſe pourroient obtenir au contraire, & ſe taxeront les eſpices de tous leſdits comptes par leſdits trois Deputez & deux Maiſtres de ladite Chambre comme il eſt accouſtumé.

X I I I.

Et pour le regard des comptes qui ſe rendront des deniers

qui seront consentis par lesdits Etats, & se leveront pour le Roy, se conformeront lesdits sieurs des Etats & des Comptes selon les articles raportez au Reglement de l'an 1585, lequel sera inviolablement gardé ; & ne pourront non plus estre lesdits sieurs des Etats rendus redevables aux comptables par la closture de leursdits comptes & appuremens, ny les restablissemens des parties rayées se juger que sur lesdits appuremens, avec lesdits Deputez.

X I V.

En consequence desdits articles cy dessus, les Contrats faits pour le rachat du Domaine en ce pays, tant par lesdits sieurs des Etats en l'an mil six cens six, que par Maistre Anthoine Desmons, en l'an mil six cens huit, les arrests de subrogation faite ausdits sieurs des Etats en 1609, & autres par eux obtenus, seront presentez en ladite Chambre, pour y estre verifiez selon leur forme & teneur, & sans aucune modification, pour ce qui concerne lesdits sieurs des Etats, & presens articles : & en execution dudit contrat ne sera doresnavant fait aucune mention en tous les comptes des fouages, ny autres des feuz d'ancienne & nouvelle provision, & sans qu'il soit plus besoin aux Parroisses de fournir de jouyssemens, ny retirer aucune prorogation, tant pour le passé que pour l'advenir ; & pour desinteresser lesdits sieurs des Comptes, la somme de neuf mille livres, cy devant à eux accordée en l'Assemblée des Etats, de l'année mil six cens sept, sera payée par leur Thresorier, & mise és mains de celuy que lesdits sieurs des Comptes commettront.

X V.

Consentent lesdits sieurs des Etats que neanmoins l'Arrêt par eux obtenu au mois de Septembre dernier, il soit compté en ladite Chambre de tout ledit raquit du Domaine en la forme portée par le reglement de 1585, parce que les ordonnances, compositions & autres résolutions faites en leur assemblée, en consequence dudit contrat, auront lieu & ny sera rien innové, conformement aux charges & conditions portées par le contrat dudit Desmons.

X V I.

Toutes Lettres patentes du Roi & commissions concernantes le fait des levées de deniers, seront presentées en ladite Chambre pour être procedé à la verification d'icelles.

X V I I.

Et d'autant que sur le dernier cahier desdits Etats, Sa Majesté auroit fait un reglement pour les fois, hommages & aveus, ausquels lesdits sieurs de la Chambre auroient representé être tellement interessez, que ne pouvant souffrir lesdits hommages & aveus être rendus ailleurs qu'en icelle, à laquelle ils ont cy devant été attribuez, ils auroient deliberé en faire nouvelle remontrance à Sa Majesté, & se pourvoir contre lesdits sieurs des Etats, & resolu de ne conclure le present traité, sans y comprendre lesdits hommages & aveus : Après y avoir tous ensemble meurement avisé & recogneu les incommoditez que pouvoit recevoir le public, en execution desdites lettres & reglement du 7 jour de Septembre dernier, pour éviter à nouveaux differens, & retrancher tout sujet d'iceux; lesdits sieurs Deputez, tant desdits sieurs des Etats, que de ladite Chambre, ont ensemblement accordé, sous le bon plaisir du Roi, que lesdites foy & hommages, serment de fidelité, & aveus de tous les vassaux & sujets de Sa Majesté, tant au dessus qu'au dessous de cent livres monnoye de revenu, continueront à se rendre en ladite Chambre, neanmoins toutes lettres à ce contraires.

XVIII.

Par ce que toutefois de toutes terres & tenuës au dessous desdits cens livres monnoye lesdits foy & hommages se rendront en ladite Chambre par Procureur pour éviter aux grands frais & incommoditez, & y seront les vassaux receus par ladite Chambre sur le bail ou certification que lesdits vassaux envoyeront de la valeur desdites choses, sans être tenus se presenter en personne : & pour le regard de ceux excedans lesdits cens livres ils se feront en personne, sinon en cas de maladie, caducité, ou excuse legitime, en quoy faisant ne sera pris par ladite Chambre aucunes espices pour lesdits foy & hommages, serment de fidelité, & advoeux, tant audessus que dessous lesdits cens livres, delaids pour la reddition d'iceux, & autres choses en dependantes, & ne seront contraints lesdits vassaux payer pour toutes choses que le droit de Chambelenage à raison de la Coustume du pays, le salaire du Greffier, & le droit de sceau.

XIX.

X I X.

Tous les adveux, minuz & denombrement des vaſſaux de ſa Majeſté, ſeront preſentez en ladite Chambre, laquelle les envoyera aux Juges des lieux ſous le reſſort deſquels les choſes ſont ſituées, pour être debatus, blamez & impunis à la pourſuite & diligence des Procureurs de ſadite Majeſté és dites Juriſdictions, & étant leſdits advœux receus par leſdits Officiers, leſdits vaſſaux les repreſenteront en ladite Chambre pour y derechef verifier ſur les precedens advœux, corrigez, s'il y echet, & en cas de longueur ou trait de proces, ſe fera le renvoy ſuivant le reglement de l'an 1582.

X X.

Et pour l'entiere extinction & ſuppreſſion des eſpices ou droits que leſdits ſieurs des Comptes avoient accoutumé prendre à cauſe de la reddition des foy, hommages, & reception d'advœux, il leur ſera pourveu de telle recompenſe qui ſera trouvée raiſonnable par leſdits ſieurs des Etats en leur prochaine Aſſemblée, pour être la ſomme qui leur ſera accordée en cette conſideration payée chacun an par leur Treſorier, ſur les biens deſtinez pour leurs affaires par preference, & miſe és mains du Receveur & payeur des droits & eſpices de la Chambre par les demies années.

X X I.

Les executions des ſaiſies & autres contraintes qui ſeront ordonnées par la Chambre contre les vaſſaux du Roy, par faulte d'hommages & adveus & tout ce qui en dependra, feront faites fuyvant les Commiffions de ladite Chambre par les Juges ordinaires & Officiers des lieux, lefquels n'emploieront autres Sergens que ceux defdits lieux pour efviter aux frais; & certifieront ladite Chambre de temps en temps du devoir qu'ils y auront apporté, & feront toutefois différées les contraintes pour lefdits hommages jufques à ce que Sa Majefté ayt attaint l'âge de majorité, attendant laquelle neanmoins ladite Chambre pourra recevoir tous ceux qui fe prefenteront volontairement à faire lefdits foy & hommage.

XXII.

Lefdits prefens articles feront regiftrés aux Greffes, tant de ladite Chambre que defdits Etats, pour eftre dorefnavant inviolablement gardez & obfervez, fans que l'on y puiffe rien innover ny contrevenir au prefent accord, duquel en cas que Sadite Majefté ne l'euft agreable, lefd. Srs des Eftats & des Comptes ne fe pourront prevaloir ny ayder au tout ou partie, ains demeureront les uns & les autres en pareil eftat qu'ils eftoient auparavant les articles: Moyennant la validation & approbation defquels cefferont toutes oppofitions, procédures & pourfuites faites de la part defdits fieurs des Etats, tant au Confeil qu'ailleurs contre lefdits fieurs des Comptes, & où il furviendroit par ci-après quelque difficulté en exécution de ce que deffus, ceux qui pretendroient eftre intereffez, feront tenus d'en advertir les autres, & tous enfemble obligez d'en conferer avant qu'entrer en differend, & de rien entreprendre au préjudice defdits articles. Fait & arrêté à Nantes, le vingt-feptieme jour de Febvrier mil fix cens treize. *Signé* P. CORNULIER,

Abbé de S. Méen ; S. DE ROSMADEC, Abbé de Paimpont ; ARTUS DE CAHIDEUC ; JAN LAMBERT ; GUY GOVAULT ; LE CORVASIER ; BAGOT, Subſtitut du Procureur-Scindic des Etats ; AUFRAY DU LESCOUET ; DE LA COUSSAYS ; VICTOR BINET ; BERNARD DE RENOUARD ; LE LOU ; COUSTUREAU ; BOUTIN, Deputez deſdits ſieurs des Etats, & de ladite Chambre.

Signé DE RACINOUX.

EXTRAIT des Regiſtres de la Chambre des Comptes de Bretagne.

VEU par la Chambre les articles arreſtez entre les Deputez d'icelle, & les Députez des Gens des trois Etats de ce pays, le 14 de ce mois, ſur la forme de la reddition des comptes des deniers accordez par Sa Majeſté pour les affaires, debtes & neceſſitez deſd. ſieurs des Etats, & du compte du preſt des deux cens mille eſcus fait à Sadite Majeſté en l'an mil cinq cens quatre-vingt-dix-huit : LA CHAMBRE (ſoubs le bon plaiſir du Roy) a ordonné & ordonne que leſdits articles ſeront regiſtrez, pour être obſervez ſelon leur forme & teneur. Fait en la Chambre des Comptes à Nantes, le quinzieme jour de Novembre mil ſix cent huit.

Signé ODION.

Pour le Greffe.

Articles accordés en la Conférence faite en exécution de l'Arrest du Conseil du Entre Messieurs les Deputez des Etats de Bretagne & Messieurs les Deputez de la Chambre des Comptes de cette Province soussignez, sur les vingt-sept articles contenus aux Mémoires inserez dans la Colonne de l'autre part, arrestez en l'Assemblée des Etats tenue à Rennes le 11 Mars 1643 en présence de M. le Maréchal de la Mellerays, Grand'Maître de l'Art. de France, Lieutenant-Général pour Sa Majesté audit pays de Bretagne, principal Commissaire, & MM. les autres Commissaires deputez par Sadite Majesté pour la Tenue desdits Etats.

Articles contestés entre Messieurs des Etats & de la Chambre des Comptes de Bretagne,

PREMIEREMENT.

Tous les Marguilliers & Collecteurs des Paroisses ne pourront être contraints à

Que tous Arrests donnez à requête du Procureur-Général contre les Marguilliers compter des deniers qu'ils recevront en leurs Paroiſſes, même ceux des marches communes pour les deniers levez pour la confirmation de leurs privileges en l'année 1639, n'y auſſi tous ceux qui ont touché l'argent pour la levée des Soldats de l'Armée de M. le Mareſchal de Gueſbriand, non plus que ce qui a été levé pour les Irlandois du Colonel Coullon. MM. de la Chambre demeurant au ſurplus en pouvoir de faire compter de tous deniers qui ſe leveront à l'excluſion de ceux ci-deſſus ſpecifiez, aucuns Commis n'ayant été établis à la recepte deſdits deniers.

des Paroiſſes, pour compter des deniers de la levée de quatre mille ſoldats pris dans toute l'étendue de la Province, & envoyez dans l'armée de Monſieur le Maréchal de Guesbriand, ſeront caſſez & revocquez, & qu'il ſera impoſé ſilence audit Procureur-General pour telles & ſemblables recherches, ſuivant & au terme du reglement de 1582.

I I.

Que le ſecond article du Reglement de 1625 ſera obſervé.

I I.

Que les decrets d'adjournements perſonnels donnez contre les premiers Juges & Officiers des Sieges Préſidiaux, ſeront annullez comme rendus par Juges incompétans & les gages deſdits Officiers rayés ſeront reſtablis.

I I I.

Toutes parties ſeront couchées dans les comptes du

I I I.

Qu'en execution du reglement de 1613 leſdits Officiers

Tréſorier deſdits ſieurs des Etats ſuivant leur ordonnance & les eſtats qui lui ſeront expediez en leur Aſſemblée, ſans qu'il puiſſe y eſtre employé aucunes parties forcées ny que ledit Treſorier puiſſe eſtre contraint au payement d'autres que celles qui ſeront employées auſdits eſtats, ſi ce n'eſt en conſequence d'Arreſts contradictoirement donnez avec leſd. Etats ou leur Procureur Sindic, & que ledit Tréſorier ait eſté actuellement contraint au payement d'icelles : & pour ce qui eſt de la Sceance de Meſſieurs les Deputez demeurera au terme du Reglement de 1613, ſi ce n'eſt en cas qu'il y euſt plus de ſix de l'un des coſtez du Bureau, il en paſſera un qui prendra Sceance au deſſous des Deputez deſdits Etats; & le Député de la Nobleſſe pourra entrer au Bureau l'eſpée au coſté avec ſon habit ordinaire ſans bottes; & pour Mr le Procureur Sindic, il prendra ſceance au Parquet avec Meſſieurs les Gens du Roi.

de la Chambre des Comptes, lors de l'examen du compte du Treſorier de la Province, ne pourront changer l'eſtat des debtes ny contraindre ledit rendant compte de payer aucunes parties appellées forcées, & paſſeront en compte toutes celles qui ſeront miſes dans les fonds & eſtats faits lors de l'aſſemblée generale deſdits Etats.

IV.

Ne pourront leſdits ſieurs de la Chambre commettre aucun d'entreux pour faire procez-verbaux de l'eſtat des

IV.

Que nul Maîtres des comptes ne pourra vacquer ni faire procez-verbaux des reparations des Abayes, Prieu-

baſtimens des maiſons dependantes des Eveſchez, Abayes ou autres Benefices tombez en regalle, & feront employés au compte des œconomes eſtablis par Sa Majeſté, pendant les ouvertures deſd. regalles paſſées & alloués ſur les quittances

rez ou autres Benefices, ni donner baux à qui pour moins voudra faire les reparations deſdits lieux, ni decerner executoires pour leurs vaccations & deſcentes, telle cognoiſſance eſtant de la Juriſdiction des premiers Juges.

deſdits ſieurs Eveſques ou Abéz donnataires des fruits deſdites regallés, moyennant qu'ils ayent fait verifier leſdits dons en ladite Chambre.

V

En tout ce qui conſerne la fonction de Mrs les Gouverneurs & Lieutenans Generaux de ſa Majeſté, il n'entre en conference, & pour le ſurplus Meſſieurs de la Chambre en uſeront ſelon les Reglements.

V.

Que lors que les Communautés des villes preſenteront requeſte pour obtenir levée de deniers ſur eux excedant la ſomme de ſix cens livres pour eſtre employé aux réparations & neceſſitez urgentes deſd. villes, ils ne pourront ordonner qu'avant faire droit, il ſe tranſportera un Me & Procureur General pour faire eſtat & procez verbal de l'indigence deſdites reparations, ains renvoieront le procez verbal à faire aux premiers Juges, & rapporteront les ſommes exceſſives qu'ils ont priſes aux Communautez de Fougeres, Carhaix, Dinan & autres lieux.

V I.

Leſdits ſieurs de la Chambre declarent qu'ils n'ont point entendu faire ſaiſir faute de redevance aucunes terres que celles qui ſont mouvantes du Roi, ſi ce n'eſt en cas d'ouverture de fief.

V I.

Que toutes ſaiſies apoſées ſur les héritages qui ne relevent du Roi ſeront caſſées, avec deffences d'uſer de telles voyes à l'advenir, à peine de tous deſpens, dommages, & interêts des parties.

VII.

Au cas qu'il y ait aucune plainte contre les Huiſſiers, la Chambre y pourvoira.

VII.

Qu'il ſera decerné commiſſion aux Juges Royaux de la Province, pour informer des exactions, concutions & violences des Huiſſiers de la Chambre, leſquels après avoir ſaiſi une terre refuſent la ſomme de quatre livres portée par le reglement de 1613, & ſe font faire taxe à la Chambre en vertu deſquelles ils envoyent d'autres Huiſſiers exiger le contenu en icelle, & ſe font payer pour leur voyage des ſommes exceſſives.

VIII.

Les executions des ſaiſies & autres contraintes qui ſeront ordonnées par ladite Chambre contre les vaſſaux du Roi, par faute d'hommages & aveus & tout ce qui en

VIII.

Que pour obvier aux abus des Huiſſiers de la Chambre deffences leur ſeront faites de faire aucune ſaiſies ny contraintes ſur les particuliers, mais ſeront executez par les

deſpendra,

defpendra, feront faites fuivant les commiflions de ladite Chambre, conformement au 21 article du reglement de l'an 1613.	Huiffiers, Sergens generaux & d'armes des lieux, dont les falaires & vacations feront taxés par les premiers Juges.
IX.	IX.
Meffieurs des Etats n'ont pas creu devoir entrer en cognoiffance d'efpices de Meffieurs de la Chambre, & s'en font départis.	Que tous dons de lods & ventes, rachapts & autres cafuels feront regiftrez en la Chambre des Comptes, avec telles moderations d'épices, que à l'advenir on n'aye fubjet de plaintes, afin que lefdits dons par l'excès defdites efpices ne foient rendus inutiles & infructueux aux donataires, & ne peuffent eftre contraints de payer les vacquations ny le fol pour livre qu'ils n'ayent l'effet dudit regiftrement.
X.	X.
Accordé comme au precedant.	Que les lettres des deniers d'octroy feront verifiées à la Chambre, & les taxes & efpices reglées par Sa Majefté, dont l'excez eft fi grand que fouvent ils prennent le tiers ou la moitié, mais jamais moins du quart, dont les Communautez font fi fort affoiblies qu'elles n'ont pas de quoy fatisfaire aux charges des Villes.
XI.	XI.
Qu'ils ne pourront refufer	Que lefdits fieurs des Etats

la verification desdites lettres sous pretexte qu'elles sont adressées à la Cour de Parlement & Chambre des Comptes, & n'obligeront lesdites Communautez d'en prendre de doubles, l'une pour le Parlement, l'autre pour la Chambre, l'obtention desquelles est de grand coust.

seront dans deux ans instance envers Sa Majesté, à ce qu'il luy plaise regler le diferend qui est entre Messieurs du Parlement & ladite Chambre, sur ce que lesdits sieurs du Parlement pretendent que les lettres d'octroy des Communautez leur doivent estre concuramment adressées avec ladite Chambre, qui pretend au contraire qu'elle en doit avoir seule l'adresse, pendant lequel temps de deux ans, si plustost le differend n'est jugé par Sa Majesté, lesdits sieurs de la Chambre procederont aux verifications desdites lettres d'octroy, nonobstant lesdites concurences d'adresse, sans obliger lesdites Communautez à les reformer.

XII.

Accordé.

XII.

Que tous adveuz se rendront conformément à l'Edit de 1579, & ce faisant que defenses seront faites d'apposer aucunes saisies sur les tenues ou metairies qui composent la terre, après que le Seigneur a rendu son adveu du total d'icelle, contraignant par cette procédure extraordinaire les proprietaires de rendre plusieurs adveuz d'une même chose, ou pour le moins obtenir autant d'Arrêts qu'il y a de tenues qui composent la terre, pour chacun desquels ils prennent espices.

XIII.

Ce qui eſt ſuppoſé en cet article, ne s'eſt trouvé véritable, & y a été pourveu par Arrêt de la Chambre du ſeptieme Febvrier 1645.

XIII.

Leur dereglement eſt ſi grand, que pour les vacations des comptes, ils ont condamné les Maçons qui ont pris à qui pour moins de debvoir, voudra entretenir les eſcluſes de la Riviere de Vilaine, à tenir compte d'onze ſous qu'ils levent par bateau paſſant par leſdites eſcluſes, dont le bail à qui pour moins eſt fait en vertu d'Arrêt du Conſeil, & dans la Maiſon de Ville de Rennes.

XIV.

Le ſuppoſé pareillement ne s'eſt trouvé véritable.

XIV.

Leur avarice a encore paſſé plus outre, car dans la Ville de Treguer il y a une Prebende dans l'Egliſe Cathedrale affectée aux Précepteurs qui ſont prepoſés pour l'inſtruction de la jeuneſſe. Le receveur des fruits a été condamné de venir à la Chambre tenir compte de ladite recette, & ont pris pour l'examen d'icelui eſpices & vacations, & le comptable les frais de ſon voyage de Treguier à Nantes, diſtant de plus de cinquante lieux.

XV.

Cet article ne s'eſt trouvé veritable, & ſont leſdits Srs de la Chambre demeurés

XV.

Qu'il ſera informé contre les Commiſſaires nommés pour la reformation du

d'accord qu'en procédant à la reformation du Domaine, ils n'afféageront aucune place publique.

Domaine des abus & malversations commises dans l'exécution d'icelles, & les afféagemens de l'Eglise Parochiale de Hennebond, des moulins de l'Hospital du Domaine de l'Eglise de Vennes, & autres terres & places dépendantes dudit Evesché, seront cassées & annullées comme faites contre l'intention du Roy, & lesdits afféagemens étant cause de scandale & opprobre à la Religion Catholique, Apostolique & Romaine.

XVI.

Arrêté conformement au precedent article.

XVI.

Que tous deniers d'entrée, pot de vin ou commission payés par ceux qui ont affeagé les places publiques dans la Ville de Vennes & autres lieux de la Province, seront portés dans l'espargne, & que defenses seront faites de les aplicquer aux Commissaires pour leurs vacations.

XVII.

Le fait étant vérifié, la Chambre y pourvoirra.

XVII.

Que toutes condamnations contre particuliers detempteurs d'heritages mouvans du Roy de payer vingt-neuf années d'areages de rentes, seront annullées, & les deniers payés en vertu desdits jugemens renduz aux particuliers, justifiant avoir payé deux fois, & leurs défenses n'ayant été reçues lors desdites condamnations, lefdits Officiers ayant appliqué lefdites fommes pour leurs vacations & defcentes.

XVIII.

Comme au precedent article.

XVIII.

Qu'il leur fera fait defenfes de faire contraindre les Mifeurs des Paroiffes qui ont compté par devant les Juges des lieux, de la depenfe des Soldats Irlandois, de venir de nouveau compter à la Chambre, enfemble les Deputez des Marches communes qui ont porté à l'efpargne la fomme levée fur eux pour jouir des droits de la Province.

XIX.

Les proprietaires des maifons tenues en roture immédiatement mouvantes du Roy fcituez dans les villes & fauxbourgs d'icelles, feront leur declaration & recognoiffance de ladite mouvance devant lefdits fieurs Commiffaires de ladite Chambre, reformareurs des Domaines de Sa Majefté, & en ce faifant demeureront defchargez de rendre aucuns adveux particuliers defdites maifons.

XIX.

Que les proprietaires des maifons fcituées dans les villes fans aucuns fiefs ny jurifdictions ne pourront eftre obligez à rendre adveu defd. maifons, & que les faifies appofées feront levées, & deffenfes feront faites aufdits Officiers de plus ufer de telles voyes, conformement à l'Arreft du Confeil du 15 Novembre 1628.

XX.

Leſdits ſieurs de la Chambre ne pourront prendre autre cognoiſſance en conſequence des ſcellez & inventaires faits de leur ordonnance, que celle qui leur eſt attribuée par les art. dix & onze du Reglement de 1582, & le cinquieſme de celuy de 1625.

XX.

Qu'en exécution du reglement de 1613, il leur ſera fait tres-expreſſes deffences & inhibitions de prendre cognoiſſance des differends d'entre les particuliers n'ayant Juriſdictions contentieuſes & ignorant les coûtumes & formes du Palais, & que les jugemens d'ordre & diſtributions de deniers du feu ſieur de la Motte Henry & du ſieur de Guillouzou ſeront caſſées comme incompetans, enſemble tous les ordres par eux faits.

XXI.

Cet article demeure reglé conformement au 15 art. du Reglement de 1582.

XXI.

Que toutes ſurceances faites au nommé Marant Fermier des deniers d'Octroy de la Ville de Marlaix ſeront levées & ne pourront prendre cognoiſſance d'aucuns rabais, n'eſtant telles matieres de leur cognoiſſance.

XXII.

Meſſieurs des Etats ſe departent de cet article, conformément au premier & ſecond article du Reglement

XXII.

Que tous Procureurs Sindics des Communautez eſloignez de plus de dix lieues de la Ville de Nantes ne pourde 1582.

ront eſtre contraints d'aller rendre leur compte à la Chambre pour les exceſſives deſpences, tant des eſpices que voyages des rendans comptes, leſquels les rendront par devant les Gouverneurs, Capitaines des Villes, leurs Lieutenans & Juges des lieux, en preſence des Procureurs du Roy & Fiſcaux, ſans aucun ſalaire, fraiz ny vacations.

XXIII.

Le ſuppoſé de cet article ne s'eſt trouvé veritable.

XXIII.

Qu'ils ne pourront prendre plus d'eſpices des Receveurs des Foüages que de ce que le Roy laiſſe de fond à cet effet, le ſurplus tombant en pure perte au Receveur, ny ſemblablement le quart des taxations des Receveurs des garniſons qu'ils ont de couſtume de prendre ſans en rien eſcrire ny marquer.

XXIV.

Demeurent d'accord que les Reglemens ſoient obſervez.

XXIV.

Qu'il leur ſera defendu de faire aucuns procez verbaux de preminances ny de maiſons de Religieuſes n'eſtant de leur Juriſdiction, & eſtant une opreſſion à la Nobleſſe, & uſurpation contre les premiers Juges.

XXV.

Les 17 art. de 1582, le 7 de 1625 & le 19 de celuy

XXV.

Que tous impuniſſemens d'adveuz ſeront renvoyez aux

de 1613, fait entre Messieurs des Etats & de la Chambre, seront observez.

premiers Juges, lesquels les feront impunir dans les Jurisdictions ordinaires, sans que lesdits Officiers de la Chambre en puissent prendre cognoissance au terme de l'Edit de 1582.

XXVI.

Les Etats se sont departiz du fait contenu en cet art., d'autant que c'est un fait particulier.

XXVI.

Que Sa Majesté sera très-humblement suppliée de faire faire justice à la Dame Marquise de Nesle, & qu'elle sera entierement reparée & satisfaite des pertes, dommages & interêts qu'elle a soufferts par un des Officiers de la Chambre, dont le Corps a pris la protection, & fait evocquer l'instance en son Conseil.

XXVII.

Les Estats s'en sont entierement departiz.

XXVII.

Que deffences seront faites ausdits Officiers de contraindre par corps ou par amandes les comptables, de faire lever les déports de leur comptes, n'estant souvent que de trente ou quarante sous, & les frais pour les lever se montent à plus de trois cens liv. soit pour les vacations de ladite Chambre ou voyages des comptables.

Pareillement lesdits sieurs des Estats declarent qu'ils n'aprouvent les termes injurieux contenus aux articles cy dessus, &

& ne recognoiſtre en aucune façon les additions faites à l'Imprimé.

Comme auſſi en cas qu'il ſe trouvent quelques termes d'aigreur eſcripts contre le corps deſdits Etats, ſous le nom deſdits ſieurs de la Chambre, ils declarent ne les aprouver.

Les aumoſnes accordées par leſdits ſieurs des Etats, qui avoient accouſtumé d'être employées ſur les vingt-cinq mille livres, le feront cy après ſur le compte du quart, & l'eſtat des vingt cinq mille liv. ſera augmenté de dix mille liv. pour faire en tout la ſomme de trente-cinq mille liv. dont leſdits ſieurs des Etats pourront diſpoſer par chacun an, outre les huit mille huit cens livres qui ſe prennent ſur les Fouages & ſur la recepte generale pour les fraiz de leurs deputations en Cour & ailleurs, conformement au reglement de mil ſix cens treize.

Fait & arrêté à Nantes, le dix-neuvieme jour de Mai mil ſix cens quarante & ſept. Ainſi ſigné & par colomne comme enſuit :

CHARLES DE LA PORTE LA MELLERAYE.

DENIS, Ev. de Saint Brieuc.	C. A. BLANCHARD
DCORNULLIER, Abbé de Blanche-couronne.	J. CONSTANTIN.
GUILL. JOCET, Archidiacre de Saint Malo.	JACQUES DEMONTY.
BOURGET.	MATHURIN BOUX.

HIEROSME DU CAMBOUT. & DE RENOUARD.

CLAUDE DESESMAISONS.

JAN DE S. GUETAS DE S. DENOUAL.

FRANÇOIS BOUAN.

P. POULAIN.

SALMON, Procureur du Roi à Vennes.

PULUVIAN, Alloué d'Auray.

NICOLAS GUIHART, Procureur du Roi à Ploermel.

& HENRY.

LES GENS DES TROIS ETATS du Pays & Duché de Bretagne, assemblez par authorité du Roi en la Ville de Nantes, aprés avoir entendu, le rapport qui leur a été fait par Monsieur l'Evesque de S. Brieuc, de ce que lui & Messieurs ses codesputez nommez en la presente assemblée avoient fait en execution de leur deputation pour conferer devant Monsieur le Mareschal & Messieurs les Commissaires du Roy, avec Messieurs de la Chambre des Comptes touchant leurs differends, & la lecture de ce qui a esté arresté en ladite conference, ont loüé, ratifié, & approuvé ce qui a esté fait par lesdits sieurs Deputez, & en consequence revocqué le pouvoir donné en leur derniere assemblée à Monsieur l'Abé de S. Aubin des bois, de poursuivre un reglement avec lesdits sieurs de la Chambre, par ce que aussi ils feront cesser la deputation dudit sieur de Calloüet contr'eux, & ordonne au Substitud de leur Procureur Sindic de faire imprimer tant les articles de ladite conference, les reglements cy-devant arrestés entr'eux en lad. Chambre; mesmes ceux d'entre Messieurs du Parlement & de ladite Chambre des années 1582 & 1625, & d'en envoyer des exemplaires aux Chapitres & Communautez de ladite Province. Fait en ladite assemblée le vingtiesme jour de May mil six cens quarante-sept. Signé, DE BAUVAU & DE NANTES, HENRY CHABOT, Duc de Rohan, & JAN CHARRETTE.

TRAITÉ

ENTRE les Députés des Etats & les Députés de la Chambre, au ſujet des épices des comptes du Tréſorier des Etats, & de ceux des Communautés des Villes de la Province.

ARTICLES ACCORDÉS,

SOUS le bon plaiſir du Roi, entre les Députés des Etats de Bretagne, ſuivant leurs pouvoirs des 20 & 24 & 27 Octobre 1728, & les Députés de la Chambre des Comptes de ladite Province, ſuivant leurs pouvoirs du 4 Septembre de la même année, ſur les différens mus entre eux au ſujet des épices des comptes du Tréſorier des Etats, & de ceux des Communautés des Villes de la Province.

ARTICLE PREMIER.

Les épices des comptes des Etats demeureront fixées pour l'avenir à la ſomme de trente & deux mille livres, pour leſdits comptes rendus de deux en deux ans à quelque ſomme que puiſſe monter la recette deſdits comptes, à laquelle ſomme de trente-deux mille livres l'abonnement a été porté du conſentement reſpectif des Etats & de la Chambre, & laquelle ſera payée par le Tréſorier des Etats, à Nantes, au Receveur des épices de la Chambre, le lendemain du jugement dudit compte, à la maniere accoutumée.

I I.

Les Etats consentent que s'ils abonnoient la capitation ou autres droits dont on compte actuellement à la Chambre, ledit abonnement ne portera aucun préjudice aux droits de la Chambre, & les épices desdits droits ne seront point comprises dans les trente-deux mille livres, parce qu'aussi il est convenu par la Chambre qu'elle ne prendra pas plus d'épices que lesdites trente-deux mille livres, au cas que dans la suite le Roi imposât quelques nouveaux droits, que les Etats les rachetassent ou abonnassent, ou au cas que les Etats abonnassent ou rachetassent des droits dont on ne compte pas actuellement dans la Chambre.

I I I.

Le présent abonnement sera tenu à perpétuité entre les États & la Chambre, sans que, sous quelque prétexte que ce soit, il puisse souffrir aucun changement, augmentation ou diminution, par l'augmentation ou diminution de la recette de l'état de fonds des Etats, & au cas de nouvelle création ou suppression d'Officiers de la Chambre, comme aussi de nouvelles attributions ou suppressions d'épices, ledit abonnement de trente-deux mille livres augmentera ou diminuera à proportion.

I V.

Après le jugement desdits comptes, les épices seront taxées à la maniere accoutumée sur le pied de ladite somme de trente-deux mille livres, laquelle, comme dit est, ne pourra être augmentée ni diminuée qu'au cas ci-dessus exprimé.

V.

En exécution du présent concordat & abonnement est convenu qu'il sera compté à la Chambre de tous deniers levés dans la Province au profit des Etats, de quelque nature qu'ils puissent être, & en conséquence que les comptes des Etapes, grands chemins, ouvrages publics & autres hors fonds, aussi bien que le compte de l'ordinaire, qui comprend les gagesdes Officiers des Etats, les frais des Députations, voyages, menues nécessités, & autres affaires particulieres des Etats seront rapportées dans le compte du quart.

V I.

A l'égard des comptes des Communautés des Villes, la Chambre continuera de se conformer aux Réglemens faits au Conseil en 1681, & aux Edits qui lui ont depuis attribué des augmentations d'épices montant à deux septiemes & demi en sus de leurs anciennes épices; & en cas qu'il se trouve dans lesdits Réglemens de 1681 quelque article qui mérite explication, les Etats & la Chambre, de concert, & concurremment, se pourvoiront vers Sa Majesté pour en demander l'interprétation.

V I I.

Pour éviter à l'avenir tous procès & discussions, les Etats n'intenteront aucuns procès à la Chambre, ni la Chambre aux Etats, que préalablement on n'ait nommé de part & d'autre une Commiſſion pour conférer ſur les difficultés qui pourroient ſurvenir, & que ſur le rapport deſdits Députés, les Etats & la Chambre n'aient délibéré ; faute duquel préalable tous Mémoires, Significations & Aſſignations données ſeront cenſées nulles & ſans aucun effet ; & pour entretenir la paix & la bonne intelligence entre la Chambre & les Etats, promettent les Etats de ſe joindre à la Chambre en toute juſte occaſion, à l'effet de demander au Roi l'exécution des Arrêts & Réglemens rendus en la faveur de la Juriſdiction & compétence de ladite Chambre.

VIII.

Si par des cas imprévus, l'abonnement ci-deſſus n'a pas lieu, les Parties rentreront reſpectivement dans leurs droits, comme s'il n'avoit jamais été. Fait & arrêté à Rennes, le 27 Octobre 1728. *La minute ſignée* † Louis François, Evêque de Saint-Brieuc ; Marbeuf, Abbé de Langonet ; de Tremigon, Chanoine de Rennes ; de Guerſans, Chanoine de Rennes ; G. B. F. Becdelievre ; † G. Boüyn de Cacé ; H. Nepvoue du Brandé ; Langloys de la Rouſſiere ; de Tremigon ; du Boays de Meneuf ; François-Alexandre le Coutelier de Penhouet ; Bechenec, Lieutenant de Rennes ; Hardouin, Sénéchal de Joſſelin ; M. du Boys, Alloué de Pontivi ; Lanier, Sénéchal de Maleſtroit ; Charles-Eliſabeth Botherel, Procureur-Général-Syndic des Etats.

LES GENS DES TROIS ETATS du Pays & Duché de Bretagne convoqués & aſſemblés par autorité du Roi en la Ville de Rennes, après avoir entendu le rapport qui leur a été fait par M. l'Evêque de Saint Brieuc, de ce que lui & MM. ses Co-Députés ont fait en exécution des Délibérations insérées ci-devant & des autres parts, pour conférer & traiter avec MM. de la Chambre des Comptes, touchant leurs différens & contestations y mentionnés, & la lecture de ce que mesdits sieurs les Députés ont arrêté & réglé avec mesdits sieurs de la Chambre, aux fins desdits pouvoirs, ont loué, ratifié & approuvé ledit traité & tout ce qui a été fait par lesdits sieurs Députés le 27 du présent mois d'Octobre, & en consentent en conséquence l'entiere exécution; ordonnent à leur Greffier de faire imprimer ledit traité & la présente ratification pour, à la diligence de MM. les Procureurs-Généraux-Syndics des Etats en être communiqué des exemplaires aux Chapitres & Communautés de ladite Province. Fait & arrêté en ladite Assemblée à Rennes le 28 Octobre 1728. La minute signée, † CH. LOUIS, Evêque de Rennes; LOUIS-B. A. DE ROHAN-CHABOT, Prince DE LEON, & MICHAU.

A RENNES, chez NICOLAS-PAUL VATAR, Imprimeur de Nosseigneurs les Etats de Bretagne, 1786.